AF240330

OPINION

D'UN FRANÇAIS,

SUR LA

DÉLIBÉRATION DU SÉNAT.

Ecce audivimus quod reges domûs Israël clementes sint.

REGUM XX, v. 31.

Non est prudentia, non est sapientia, non est consilium, contrà dominum.

PROV. XXI, v. 30.

PARIS, 3 AVRIL 1814.

OPINION

D'UN FRANÇAIS,

SUR LA

DÉLIBÉRATION DU SÉNAT.

LE sénat opprimé avec toute la France, par l'exécrable tyrannie de Bonaparte, vient de prononcer sa déchéance. En devenant l'organe de l'indignation universelle, il révèle à l'univers le secret des forces du despote, et proteste implicitement contre les actes monstrueux dont cette ame perverse aurait voulu rendre tous les citoyens complices. Il appartenait sans doute au premier corps de l'Etat de frapper le coupable, déjà condamné par l'acclamation publique. Ceux qui furent quelquefois les instrumens involontaires de ses violences, ne pouvaient se racheter de l'esclavage, qu'en déclarant solemnellement qu'ils renonçaient à l'obéissance, et qu'ils déliaient du serment de fidélité quiconque avait pu se croire sujet de l'usurpateur. Honneur à ce noble retour, qui manifeste la droiture et la franchise de leurs intentions.

Mais en changeant de système à la faveur du pouvoir protecteur qui nous a sauvés tous, le sénat a-t-il bien mesuré l'étendue de ses devoirs et de ses droits? A-t-il pensé qu'il suffirait de briser l'idôle qui fut l'objet d'un culte insensé autant que sacrilége, pour recouvrer toute sa dignité, et s'arroger, au moment même, l'universalité des pouvoirs?

On nous annonce les bases d'une nouvelle constitution, des lois réglementaires et restrictives de l'autorité royale, des considérans obligatoires et conditionnels, une charte de garantie, etc. Qu'est-ce à dire? quel est le but de ces précautions? quelle mission législative les sénateurs ont-ils reçue? qui la leur a donnée? que peuvent-ils présenter à la France qui soit hors de leurs attributions conservatrices et de l'autorité purement réfléchie qui leur a été assignée par celui de qui ils ont toujours reçue l'impulsion? Est-ce dans leur sein que se trouve la représentation nationale, et ne voudraient-ils punir l'usurpation, que pour la tourner à leur profit?

Dans ces circonstances imposantes où le bruit des armes, la présence d'une armée victorieuse, des évènemens extraordinaires autant qu'inattendus, le trouble inséparable d'un changement vainement désiré depuis plus d'une génération, étonnent encore nos sens et nous laissent à peine la faculté de réfléchir sur les dangers que nous avons courus et le bonheur de notre délivrance ; dans ce tumulte, dis-je, si contraire au calme nécessaire à la conception des lois, qui serait assez présomptueux pour se croire l'interprète et le modérateur des opinions ?

A Dieu ne plaise que je veuille élever une lutte entre les citoyens, qu'un sentiment unanime rallie autour de leurs magistrats, depuis qu'ils ont proclamé leur vœu pour le rétablissement de notre monarque. Les sénateurs eux-mêmes se sont précipités spontanément au-devant du libérateur de notre patrie, et jusqu'à ceux que leurs systèmes ou de grandes erreurs avaient écartés des principes de notre ancienne constitution, ont répondu à la voix de leur souverain légitime, unique et dernière ressource de l'État réduit à l'extrémité par l'ennemi du genre humain.

On doit donc se confier à leur foi. Mais cette confiance a besoin d'être éclairée, et ce n'est pas au sénat, trompé et compromis tant de fois par l'usurpateur, que la **France** peut s'en remettre aveuglement du soin de la défendre et de la servir.

Nous n'avons pas seulement pour ennemis, l'ambition qui dissimule, l'intrigue qui change de but, la vengeance et la trahison qui dévorent en idée Paris, ses habitans et ses richesses; nous avons encore nos propres illusions à craindre, et il importe de nous prémunir contre le prestige des rêveries politiques, qui ont fait notre malheur, sous tant de formes, depuis vingt-cinq ans; contre les calculs inaperçus de l'intérêt personnel et les suggestions secrètes de l'orgueil; enfin, contre notre propre enthousiasme, si éloigné de la sagesse qui doit présider aux délibérations, et si contraire à l'abnégation, à l'impassibilité du législateur. Quel est celui qui osera se dire libre de toute personnalité, de toute passion, de toute erreur, au milieu du spectacle qui nous environne, du soulèvement de la France entière, du choc de deux armées, dont celle-là seule nous menace de notre destruction, qui se compose de nos concitoyens, de nos frères et de nos enfans? Quel autre sentiment peut, dans cette crise violente, trouver place en nos cœurs, que celui de la reconnaissance pour le jeune héros qui nous sauve, lorsqu'une politique vulgaire pouvait lui conseiller de nous perdre, pour cet Alexandre plus que grand, dont les exploits et les conquêtes sont le triomphe de l'humanité, de la bienfaisance, de toutes les vertus, et en quelque sorte la manifestation de la Providence divine, que notre désespoir accusait de nos maux? Quel autre soin peut nous occuper que celui de reconquérir, de posséder notre bon et généreux roi, le sauveur de nos familles et de nos biens, le garant de nos priviléges, le protecteur de nos lois? Quelle autre inquiétude peut nous agiter, que celle de faire cesser les divisions des provinces, de presser leur réunion autour du trône, et de tarir ces flots de sang humain qui coulent encore, et qui couleront tant que le fléau de l'Europe mettra obstacle à la paix générale, sans laquelle nous n'aurons ni calme d'esprit, ni législation, ni législateurs?

Je ne prétends pas avoir seul plus de prudence qu'un corps formé des citoyens en qui l'on doit naturellement supposer le plus de lumières, de prudence et de dévouement. Mais quelque soit mon respect et l'estime particulière que je fais de tous ceux que je connais personnellement, je pense, avec Montaigne, que toute assemblée est peuple, que la vertu et le courage y sont inertes ou instantanés, et que les passions seules y exercent une autorité toujours active. Je n'apporte d'ailleurs, dans cette discussion, que des vues pures et désintéressées, et je crains d'autant moins de m'abandonner à cette simplicité de cœur, qu'elle produira son effet ou trouvera son excuse dans tous ceux qui me liront avec la même candeur. J'ajoute que ma conscience me presse de dire ce que je crois utile, et que je regarde comme le devoir de tous les vrais Français, de rendre, dans cette grande occasion, hommage à la vérité.

Je le dirai donc sans détour, et comme je le sens, qu'en s'occupant de jeter les bases d'une constitution qu'il n'est point appelé à proposer, le sénat fait une chose prématurée, inconséquente même, et certainement dangereuse.

Ou ces bases seront prises dans la déclaration du roi, et elles sont superflues ; ou elles en différeront, et voilà des germes de défiance et de division !

Louis XVIII promet de maintenir tous les actes légaux, de conserver tous les fonctionnaires qui lui prêteront serment de fidélité, d'adopter toutes les institutions qui ne seront contraires ni aux mœurs, ni à la religion. Il déclare, en outre, que c'est de concert avec ses sujets, qu'il examinera les modifications dont la législation est susceptible.

Que fera de plus le sénat ? Ses membres pensent-ils inspirer plus de sécurité à la nation, donner plus d'autorité à cette déclaration si nette et si magnanime, garantir davantage la liberté publique ? Des hommes à peine échappés à la servitude, dont quelques-uns ont été égarés, quelques autres indignement abusés, doivent-ils, tout gens de bien qu'ils puissent être, compter sur plus de confiance qu'un père qui revient au milieu de ses enfans, qui a gémi de leurs égaremens, qui a toujours été étranger à leurs malheurs, qui n'a cessé de s'occuper des moyens de les soulager, dont la tendre sollicitude les a suivis dans les plaines glacées de Moscow, et vient, pour prémices de ses bienfaits, d'obtenir de son incomparable allié, la liberté de *deux cents mille captifs* ?

Ne voient ils pas, ces satellites si inquiets de notre liberté, que toute la confiance est désormais dans Louis XVIII ? que l'autorité de laquelle sont émanés tant de *sénatus consultes* parricides, bien que dictés par la violence, et souvent arrachés par surprise, n'aura plus de crédit ni de réalité, tant qu'elle ne sera pas fortifiée, retrempée par la présence du monarque ? Qu'il est inconséquent et presque ridicule, lorsque pas une plainte, pas un cri généreux ne s'est élevé contre les usurpations du tyran, lorsque toutes ses volontés ont été sanctionnées sans opposition, lorsque tous les trésors, tout le sang français, tous les pouvoirs ont été mis à sa discrétion, de venir fièrement poser des bornes à la puissance du roi légitime, d'un roi qui les a posées lui-même, et qui n'a eu besoin ni de consulter, ni de délibérer, pour faire tous les sacrifices que le besoin de la paix, l'empire des circonstances et l'amour de ses sujets ont inspirés à son âme vraiment royale ?

Quelle grace auraient à nous parler de nos droits et de notre indépendance, ceux qui n'ont pas su, je ne dis pas mourir, mais s'exposer aux reproches du tyran, élever seulement la voix pour défendre les leurs ?

De quel front, ceux qui ont voté un domaine ordinaire, un domaine extraordinaire, et plus de *deux cents millions de revenus* annuels pour la dépense personnelle et arbitraire d'un aventurier, viendraient-ils circonscrire le revenu que la seule convenance et l'honneur national réclament pour la représentation d'un grand souverain ?

Comment enfin, pensé-t-on à présenter au peuple français, une cinquième constitution, composée des mêmes élémens, et discutée sous les mêmes auspices, que celles de 1789, de 1793, de l'an 3 et de l'an 8 ? Hé ! qu'est-il besoin de proclamer des principes qui n'ont plus de contradicteurs, de reproduire des subtilités devenues le mépris du vulgaire, d'opposer à l'autorité, des titres foulés aux pieds, tour-à-tour, par Robespierre, par le directoire et par Bonaparte ?

Comment ne frémit-on pas à l'idée de rallumer le feu de nos horribles dissentions, et à la possibilité de léguer à nos neveux les semences d'une nouvelle révolution ! Que l'on compare la prospérité de la France, son indépendance et l'équité de ses magistrats, sous ce qu'on est convenu d'appeler l'*ancien régime*, avec les dévastations, le désespoir et la tyrannie que nous a procurés la législation prétendue libérale des novateurs ? et que l'on vienne ensuite proposer de substituer encore de vaines théories à l'expérience des siècles !

Quand la nation est aussi complétement désabusée de ces illusions, est-il possible que ceux qui les lui ont fait embrasser, restent encore sous le charme ! Oui, il faut le dire, les mêmes noms qui ont tant de fois trompé la confiance publique, prétendraient vainement la réconquérir. Il est une certaine pudeur nécessaire à ceux même que l'amour de la renommée et le besoin de l'estime publique produit sur le théâtre du monde, et tout homme d'honneur qui par l'erreur la plus excusable, a pu contribuer à la perte de son pays, doit savoir se condamner à la retraite, et épargner au peuple le danger de ses funestes expériences.

Toutes les proclamations de nos princes, toutes celles des autorités municipales et militaires écartent jusqu'à l'ombre de l'inquiétude sur la liberté des cultes, la conservation des biens acquis légalement, n'importe à quel titre, le respect de nos immunités, et tout ce qui peut assurer le bonheur et les droits de la société. Exiger d'autres garanties, n'est-ce pas annoncer une injuste défiance, supposer du doute et provoquer des débats?

Le souverain doit avoir à sa disposition, tous les moyens de faire fleurir le commerce, d'entretenir les travaux nécessaires, soit à la subsistance du peuple, soit à l'éclat du trône, de récompenser le mérite et les services, de faire respecter son rang et sa puissance. La législation qui gênerait son action pour le bien, serait donc nuisible à la nation même; elle produirait le découragement et le désordre, et donnerait lieu tôt ou tard à une révolution; car cette situation équivoque ne pourrait être durable, et l'on n'en pourrait sortir que par l'humiliation du monarque, ou par un coup d'autorité semblable à celui qui affranchit Gustave Adolphe, des liens d'une aristocratie jalouse et tracassière.

Non, sénateurs, ce n'est pas au moment où vous vous associez si noblement à l'abjuration que fait la France entière du misérable qui vous opprima avec elle, que vous gaterez ce beau dévouement par des restrictions minutieuses et des réserves superflues ! Quand votre roi vient concerter avec vous les moyens de nous rendre heureux, vous n'anticiperez pas sur les méditations de sa sagesse et de sa bonté ; vous lui montrerez cette confiance magnanime qu'il apporte au milieu de vous, sans aucun retour sur le passé. C'est avec lui, c'est sous ses yeux que doit être discutée la constitution qui fera le bonheur et la sûreté de son royaume. Elle est déjà conçue dans son cœur, et les bases vous en sont connues, puisqu'il consacre tout ce qui a reçu la sanction du temps et les principales institutions existantes. Il use même d'une générosité qui est personnelle à chacun de vous, lorsqu'il déclare qu'il veut conserver autour de lui tous ceux qui lui prêteront serment de fidélité.

Une telle libéralité provoquera, j'ose le présumer, plus d'un sacrifice, et le patriotisme inquiet, qui s'alarme des prérogatives essentielles de la couronne, ne sera pas plus facile sur ses propres intérêts. Une chambre haute ayant les attributions dont jouit le sénat, ne peut être nombreuse sans devenir à charge à l'Etat, à moins qu'on n'y appelle, comme en Angleterre, les chefs des familles les plus opulentes, ou les plus riches propriétaires. Il est donc vraisemblable que tout sénateur dont la fortune sera au niveau de son rang, dédaignera les émolumens réglés par une autorité corruptrice, ou résignera son emploi. Voilà la véritable indépendance à laquelle doivent tendre et le sénat et le corps législatif, et j'avoue que des gages, quels qu'ils soient, me semblent incompatibles avec d'aussi nobles fonctions. Le moindre sentiment de cupidité mêlé aux grands intérêts de la patrie, serait l'opprobre éternel de l'homme assez vil pour oublier la dignité de ses devoirs.

Au surplus, tout sentiment d'égoïsme, ou d'ambition, ou d'amour-propre, doit disparaître lorsqu'il s'agit de fonder le bonheur d'un grand peuple et d'assurer la durée de ses institutions. Si les dilapidations et les désordres de tout genre, les vols et les rapines d'un gouvernement sans frein et sans pudeur, ont fait une nécessité de la réforme et de l'économie dans la dépense, le premier corps de l'Etat peut et doit peut-être donner le premier exemple; mais il ne lui appartient pas de mettre dans la balance générale cette considération momentanée; car la dignité du trône, ainsi que l'administration publique, réclament pour mesure l'étendue du territoire et de la population,

(14)

les ressources constantes et habituelles du royaume.

Or, comment ces choses seront-elles réglées avec quelque discernement, avant qu'un traité définitif ait consolidé le nouveau pacte d'alliance de l'Europe, avant que nos limites soient tracées, que le roi se soit fait rendre compte des besoins de son peuple, et des moyens de lui rendre son ancienne industrie avec son commerce extérieur ?

Montesquieu dit que *pour que tout prospère dans une monarchie, il ne faut pas distinguer les intérêts du prince de ceux de l'Etat ou du peuple.* Que le sénat daigne faire l'application de cette maxime, aux fatales épreuves auxquelles nous sommes heureusement échappés, et sur-tout au règne épouvantable qui vient de finir, et il se convaincra que tout ce qui serait institué sans le concours du roi, et avant son inauguration sur le trône de ses ancêtres, serait dérisoire et contraire au bien public.

La nécessité de livrer chaque feuille à l'impression, à mesure qu'elle était composée, servira d'excuse aux négligences trop multipliées que présente cet écrit. J'espère également trouver grâce en faveur de la pureté de mes motifs et de l'importance de la question, pour avoir fait, le premier, usage de la liberté de la presse, contre ceux qui nous l'ont rendue.

L. V. R.

www.ingramcontent.com/pod-product-compliance
Lightning Source LLC
LaVergne TN
LVHW021510060726
842527LV00006B/2555